OUR WORD
Guerrilla poems from Latin America

OUR WORD

Guerrilla poems from Latin America

Translated by
Edward Dorn and Gordon Brotherston

Palabra de guerrillero

Poesia guerrillera de Latinoamerica

Con traduccion inglesa por
Edward Dorn y Gordon Brotherston.

GROSSMAN PUBLISHERS IN ASSOCIATION WITH
CAPE GOLIARD LONDON   NEW YORK 1968

861
Our...

S.B.N. Paper: 206.61557.4; Cloth: 206.61558.2
Lib. of Congress No. 69.10410

The spirit of renewal, the desire that we should excel collectively, an awareness of a higher destiny: all this we feel abundantly and could feel incomparably more deeply. We had heard so often of those things and had assumed that the abstract words that described them referred to something beautiful; but now we are living that beauty, feeling it with all our senses and it is truly unique. The way our small world here in the Sierra has developed is unbelievable. The phrase " the people," which so often has a vague and confused meaning, has here been transformed into something marvellously and immediately real. Now I really know who " the people" are: I recognise them in this invincible strength which protects us on all sides.

Fidel Castro, in a letter to Frank País,
Sierra Maestra, 21 July, 1957.

Pocos de los poemas de este libro se consiguieron fácilmente. Es probable que haya muchos poetas que hubiéramos querido representar pero cuyo obra nos es desconocida o inaccesible. Las poesías completas de Javier Heraud se publicaron en Ediciones de la Rama Florida, Lima, en 1964 (y agradecemos la autorización de reproducción de algunas de ellas). El poema de Che Guevara apareció en *Unión*, La Habana, 1967, no. 2. Los demás poemas se publican aquí por primera vez. Hemos procurado presentar una colección de poesía específicamente guerrillera, algo bastante distinto de las varias colecciones de poesía revolucionaria en general que han aparecido en Latinoamérica en los últimos años.[1]

Agradecemos muy especialmente a Margaret Randall, quien nos hizo llegar poemas y noticias de México; a Richard Hawkes, de la Universidad de Essex, de quien también recibimos material de Latinoamérica; a Juan Bosche, a José Emilio Pacheco y a Katharine Dorn por la ayuda que nos han prestado. Por razones que serán obvias no se puede decir todo lo que se sabe de algunos poetas.

G.B.
E.D.
Abril de 1968

1. Los poemas de Marco Antonio Flores de su colección *Muros de luz*, que publicará próximamente Siglo XXI de México.

The poems in this book were not all easy to get hold of. There may be, probably are, many more poets we should have wanted to include had work by them been available. Javier Heraud's *Poesías completas* were published by Ediciones de La Rama Florida, Lima, in 1964 (and gratitude is here expressed for permission to reproduce his poems), and the poem by Che Guevara has appeared in *Unión*, Havana, 1967, no. 2; otherwise the poems are published here for the first time. The collection is meant to be fairly specifically of poems by and about guerrillas, and is not intended in any way to rival the many good collections of revolutionary poetry in general which have appeared in Latin America in recent years.[1]

We want to thank, very much, Margaret Randall for sending poems and information from Mexico; Richard Hawkes of the University of Essex, who has also sent material from Latin America, and Juan Bosche, José Emilio Pacheco and Katherine Dorn for helping in other ways. For reasons that will be plain, not all that is known about some of the poets can be said.

G.B.
E.D.

April, 1968

1. The poems by Marco Antonio Flores are from his collection *Muros de Luz*, shortly to be published by Siglo XXI, Mexico.

Ernesto Che Guevara was born and educated in Argentina. He wrote this poem on the eve of the voyage to Cuba of Fidel Castro's revolutionary army and was prominent in the victory over Batista in 1959. After working for Cuba as a politician he again became a guerrilla in Bolivia, where he was killed at the age of 39 in 1967.

Ernesto Che Guevara nació y se educó en la República Argentina. Este poema fue escrito la víspera del desembarco revolucionario en Cuba. La actividad guerrillera de Guevara fue un elemento decisivo en la derrota de Batista. Ministro del gobierno revolucionario a partir de 1959, volvió a actuar como guerrillero en Bolivia, donde murió asesinado a la edad de treinta y nueve años en 1967.

CANTO A FIDEL

Vámonos,
ardiente profeta de la aurora,
por recónditos senderos inalámbricos
a liberar el verde caimán que tanto amas.

Vámonos,
derrotando afrentas con la frente
plena de martianas estrellas insurrectas,
juremos lograr el triunfo o encontrar la muerte.

Cuando suene el primer disparo y se despierte
en virginal asombro la manigua entera,
allí, a tu lado, serenos combatientes,
nos tendrás.

Cuando tu voz derrame hacia los cuatro vientos
reforma agraria, justicia, pan, libertad,
allí, a tu lado, con idénticos acentos,
nos tendrás.

Y cuando llegue al final de la jornada
la sanitaria operación contra el tirano,
allí, a tu lado, aguardando la postrer batalla,
nos tendrás.

El día que la fiera se lama el flanco herido
donde el dardo nacionalizador le dé,
allí, a tu lado, con el corazón altivo,
nos tendrás.

No pienses que puedan menguar nuestra entereza
las decoradas pulgas armadas de regalos;
pedimos su fusil, sus balas y una peña.
Nada más.

Y si en nuestro camino se interpone el hierro,
pedimos un sudario de cubanas lágrimas
para que se cubran los guerrilleros huesos
en el tránsito a la historia americana.
Nada más.

(México, año 1956)

SONG TO FIDEL

You said the sun would rise.
Let's go
along those unmapped paths
to free the green alligator you love.

And let's go obliterating
insults with our
brows swept with dark insurgent stars.
We shall have victory or shoot past death.

At the first shot the whole jungle
will awake with fresh amazement and
there and then serene company
we'll be at your side.

When your voice quarters the four winds
reforma agraria, justice, bread, freedom,
we'll be there with identical accents
at your side.

And when the clean operation against the tyrant
ends at the end of the day
there and then set for the final battle
we'll be at your side.

And when the wild beast licks his wounded side
where the dart of Cuba hits him
we'll be at your side
with proud hearts.

Don't ever think our integrity can be sapped
by those decorated fleas hopping with gifts
we want their rifles, their bullets and a rock
nothing else.

And if iron stands in our way
we ask for a sheet of Cuban tears
to cover our guerrilla bones
on the journey to American history.
Nothing more.

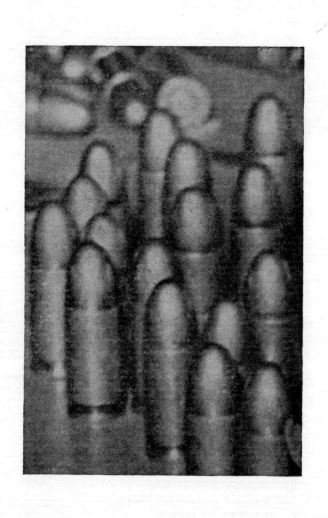

Poem from *Rebelión*, Trujillo, Peru

Luis de la Puente was the leader of the Peruvian Movimiento de Izquierda Revolucionaria (MIR); he was betrayed by a guide and killed in 1965. This anonymous poem is taken from a mimeographed student broadsheet, *Rebelión* (Trujillo, February 1966). Luis de la Puente was specific in his call to Peruvian University students to join the revolutionary struggle as guerrillas.

Luis de la Puente se distinguió como jefe del Movimiento de Izquierda Revolucionaria (MIR) del Perú; la traición de un guía condujo a su asesinato en 1965. Este poema anónimo es de *Rebelión* (febrero 1966), una hoja publicada por los estudiantes de Trujillo. Luis de la Puente insistió repetidas veces en la necesidad de que los estudiantes peruanos se incorporasen a la lucha revolucionaria como guerrilleros.

¡PROSIGAN GUERRILLEROS!

Ha muerto Luis Felipe de la Puente
esperanza de mil pueblos explotados,
aquel que en una lucha sin cuartel,
acercándose al peligro frente a frente,
dejó su sangre y corazón regados.

Pero él prendió ese fuego inapagable,
que ilumina nuestra gran revolución,
y a los gritos de: ¡mueran los cobardes!
sin temor de nada ni de nadie,
continuaremos su brillante acción.

¡Prosigan Guerrilleros!
continuen la grandiosa empresa
que la Historia les impuso en nuestro suelo.
Que se oiga la viril protesta,
al fúnebre compás de las ráfagas de fuego.

¡Prosigan Guerrilleros!
Os lo piden nuestros pueblos oprimidos
ya es hora de que acaben para siempre
la injusticia, el hambre, la miseria,
el dolor, la angustia, los gemidos . . .

Ya nada los detiene hermanos nuestros,
están desesperados los ímpíos,
saben que al amanecer de un nuevo día
nuestros serán los campos y las flores,
el viento, los pájaros, los ríos . . .

Entonces flameará nuestra bandera
otra luz alumbrará nuestros caminos
se acabará el hambre, la miseria
aquella explotación vil y miserable,
que tanto tiempo callados padecimos.

¡Prosigan Guerrilleros!
Son suyos los laureles de la gloria,
nos lo dirá el paso de los años venideros,
y el transcurso inexorable de la historia

¡Prosigan valientes y aguerridos guerrilleros!

FORWARD GUERRILLAS

Luis Felipe de la Puente
hope of a thousand assaulted peoples
has died in the relentless maws
turning his final face toward danger
his blood his heart dredged with cause.

But he fired this brilliant torch
hostile light of our revolution
and kindled the shout Let cowards die!
inside no fear of anything or body
we shall make good that cry.

Forward Guerrillas!
carry on the vast construction
history left half built on our soil
let our male anger beat in their ears
to the funereal roll and flash of fire.

Forward Guerrillas!
Now is the time amigos
injustice poverty pain
anguish and groaning be closed
and in themselves for ever slain.

Nothing holds us back now
the godless are desperate
they know across the hour of the New
the fields the flowers the wind
the sierras the rivers will be ours.

Then our thing will fly
another light will light our street
no more hunger and poverty
that miserable and ugly trick
we let happen in the past.

Forward Guerrillas!
you are the full sails of glory
the passage of years to come
and the hard beat of history
has to tell us that

Onward valiant and warborn guerrillas!

Luis Nieto nació en el Perú en 1910. Ha colaborado
con varios poemas en la lucha revolucionaria de
su país.

CANCIÓN PARA LOS HÉROES DEL PUEBLO

Venid a ver a los hombres
que mataron los soldados,
parece que aún sonríen
a la Libertad sus labios.

Venid a ver a los pobres
muertos de veinte balazos.
Hasta los mismos fusiles
les admiraban sonámbulos

Amaban la Libertad
tal como la aman los bravos
para matarlos fue urgente
lo hicieran a cañonazos.

¡Venid a ver a los héroes!
¡Venid a verlos, hermanos!
Estan aquí con sus pechos
de sangre condecorados.

Que formen guardia de guerra
brigadas de milicianos
y que sus tumbas vigilen
los volcanes milenarios.

Y en vez que cubran sus cuerpos
tristes banderas de llanto,
hagámosles un incendio
de himnos revolucionarios.

¡No han muerto! Contra los nuestros
nada pueden los disparos.
En el corazon del pueblo
ellos vivirán mil años.

¡Y ahora nada de lágrimas!
¡Puños y pechos blindados!
¡Y a pelear como leones
porque ellos no han muerto en vano!

Luis Nieto, born in Peru in 1910, has contributed many
poems to the revolutionary struggle in his country

SONG

Now look at the men
struck dead by the hired guns
their parted lips seem still
to be smiling at freedom

Come now and see
those poor men shot
by twenty guns whose barrels
looked on shocked and somnambulant

They fell in with freedom
as laughing men to love her
And only the remote guess
of cannon shot could strike them down

Turn your eyes on the heroes
Come and see them brothers!
There they are their chests cool
with the black decor of blood

Make the horizon sound of brigades
make a band of war
and may the everlasting volcanos
stand guard over their graves

Let us not cover their bodies
with the beaten flags of weeping
make for them a fire wreath
of rising songs to ring their spirits

They have not died, against our men
those bullets can do nothing
theirs is the pulse stars have
in the hearts of the people

So no talk of tears now
with closed hands and armed chests
turn and circle like lions
because these dead turn within us

Javier Heraud nació en Miraflores, Lima, en 1942. Estudiante de la Universidad Católica, con su segundo libro *El viaje* obtuvo el premio al "Poeta joven del Perú". Visitó la Unión Soviética y estudió cinematografía en Cuba. De vuelta a su país se incorporó como guerrillero al Ejército de Liberación Nacional. En 1963 murió acribillado en plena selva al cruzar el río Madre de Dios.

PALABRA DE GUERRILLERO

Porque mi Patria es hermosa
como una espada en el aire
y más grande ahora y aún
y más hermosa todavía,
yo hablo y la defiendo
con mi vida.
No me importa lo que digan
los traidores
hemos cerrado el paso
con gruesas lágrimas
de acero.
El cielo es nuestro.
Nuestro el pan de cada día,
hemos sembrado y cosechado
el trigo y la tierra,
son nuestros
y para siempre nos
pertenecen
el mar,
las montañas
y los pájaros.

Javier Heraud was born in Miraflores, Lima in 1942. He became a student at the Universidad Católica in 1958 and won a national poetry prize with his second book of poems *El viaje*. After visiting Moscow he went to Cuba to study the cinema. When he came back to Peru he joined the Ejército de Liberación Nacional as a guerrilla. He was shot to death in 1963, in the middle of the river Madre de Dios.

I GIVE YOU MY WORD

My country is beautiful
a sword thrust in the air
and greater now
                    and still
and yet more
                beautiful.
                And so
I speak and defend it
with my life.
What the traitors say
can't touch me.
We have stood in their way
with tears
of steel.
Heaven is ours
we have made
our daily bread
harvested the grain
this earth: our spirit
and for ever
the sea
the sierras
the birds.

ARTE POÉTICA

En verdad, en verdad hablando,
la poesía es un trabajo difícil
que se pierde o se gana
al compás de los años otoñales.

(Cuando uno es joven
y las flores que caen no se recogen
uno escribe y escribe entre las noches,
y a veces se llenan cientos y cientos
de cuartillas inservibles.
Uno puede alardear y decir
" yo escribo y no corrijo,
los poemas salen de mi mano
como la primavera que derrumbaron
los viejos cipreses de mi calle ")
Pero conforme pasa el tiempo
y los años se filtran entre las sienes,
la poesía se va haciendo
trabajo de alfarero,
arcilla que se cuece entre las manos,
arcilla que moldean fuegos rápidos.

Y la poesía es
un relámpago maravilloso,
una lluvia de palabras silenciosas,
un bosque de latidos y esperanzas,
el canto de los pueblos oprimidos,
el nuevo canto de los pueblos liberados.

Y la poesía es entonces,
el amor, la muerte,
la redención del hombre.

Madrid, 1961   La Habana, 1962

ARS POETICA

It is true
poetry is close work
the pattern is made or lost
in a rhythm of autumnal years, no turning back.

(I am young . . .
some of the fallen flowers are not picked up
I write on and on through the avenues of night
and sometimes hundreds of useless
sheets of paper are covered.
I say, in the fire of pride
" I write and make no corrections
poems come from my hand
and are destroyed as springtime always is
by the old cypresses in my street")

But time flows
as measured years between my temples
and the utterance turns,
shaped while glistening clay
between the hands
and baked by those quick fires.

The thing is marvellous
            lightning
                        rain
                of silent words
a rain forest in the heart gets
the unending drift of hope
the long song of saddened peoples
the quick new song of the liberated

it is love then and death
and our way clear.

LAS MOSCAS

Claro, señorita mosca,
Ud. vuela graciosamente
Ud. se dibuja en el aire,
se dibuja con su sombra
movediza en las paredes,
Ud. parece reirse de mí,
porque yo ni la miro
débilmente,
y Ud. se posa en mi nariz,
se para en mi cabeza,
se posa sobre mi hombro
y hasta diría le gusta,
ay señorita mosca,
que yo le ponga
inútilmente mi mano
para matarla,
pues Ud. se ahuyenta,
levanta el vuelo,
y se posa sobre mi pan,
mis tostadas, mis libros
que aguardan su llegada.
¡Ay! señorita mosca,
me dicen que Ud. puede
traer males terribles,
pero yo no les creo,
y a donde suelo ir
la encuentro
nuevamente,
molestando con sus
alas.
Y claro
sólo los tontos
compran rejilla con mango,
o un periódico viejo,
y la persiguen
hasta que la ven caer,
moribunda.
Es oficio de ociosos,
eso de matar moscas
diariamente,
pues Ud., señorita mosca,
no asusta ni a las vacas
ni a los perros.

FLIES

OK fly,
you fly OK
you draw yourself in the air
tight banks quick turns
graph the walls
with your shadow
and you're laughing at me
and I don't even look at you
settle on my nose
take a trip on my head
settle on my shoulder
and I suppose it amuses you fly
when I try to flatten you
with my slow hand,
sure, settle on my bread
my toast, my books
they're just there for you.
You know,
they tell me you push
some heavy diseases
but I don't believe it
and when I go to piss
there you are again
fixing your wings.
Some fools buy swatters
or chase you
with an old newspaper
just to see you
fall down dead—
that's a job for the idle,
fly killing
             you don't scare
the larger animals
or even dogs.

Pero le advierto:
si algún día yo pudiera,
reuniría a todos los sabios
del mundo,
y les mandaría fabricar
un aparato volador
que acabaría con Ud. y sus
amigas para siempre.
Sólo espero no alimentarla
y no verla en mis entrañas,
el día que si acaso
me matan en el campo
y dejan mi cuerpo bajo el sol.

POEMA

Yo no me
río de
la
muerte.
Sucede
simple-
mente,
que no
tengo miedo
de morir
entre
pájaros
y
árboles

Lima, 26 de Set.

But I want you to get this:
If someday I could
I'd call in all the experts
in the world
I'd order them to put together
a flying machine your size
to finish you and all your girl friends
for ever—
Because I have this recurrent hope
not to feed you
I don't want to see you
in my entrails
the day they cut me open
in the countryside
and leave my body under the sun.

POEM

No,
I don't
laugh
at death.
It's just
that I'm
not afraid to die
among
birds
and trees

EL NUEVO VIAJE

Hacia
las blancas montañas
que me esperan
debo viajar nuevamente.

Hacia los mismos vientos
y hacia los mismos naranjales
deben mis pies enormes
acaparar las tierras
y tienen mis ojos
que acariciar las parras
de los campos.

Viaje rotundo y solo:
¡qué difícil es dejar
todo abandonado!
¡Qué difícil es vivir
entre ciudades y ciudades,
una calle,
un tranvía,
todo se acumula
para que sobreviva
la eterna estación
del desencanto!

2

No se puede pasear
por las arenas
si existen caracoles
opresores y arañas
submarinas.

Y sin embargo,
caminando un poco,
volteando hacia la izquierda,
se llega a las montañas
y a los ríos.
No es que yo quiera
alejarme de la vida,
sino que tengo
que acercarme hacia la muerte.

THE NEW JOURNEY

Soon I must journey again.
Over there,
towards those white mountains
waiting,
waiting for me.

Towards the same winds
the same orange groves
my feet
must seize the plans
and with my eyes
I want to feel the vines
of the countryside.

A round journey, and alone:
It isn't easy to leave—
everything abandoned!
the difficulty it is to live
in city after city
a street
the streetcar
everything increases the sense
and the endless season
of disenchantment
survives.

2

And you can't go for a walk
along the beaches
if the simple condition
is lethal shells
and submarine spiders.

So, walk on a while
turn to the left
and you reach the mountains
and the rivers.

Look it isn't that I want
to leave life back there –
but I must follow a path
that death is known to stalk.

3

No es que yo quiera
aseguar mis pasos:
a cado rato nos
tienden emboscadas,
a cada rato nos roban
nuestras cartas,
a cada rato nos salen
con engaños.

4

Es mejor: lo recomiendo:
Alejarse por un tiempo
del bullicio
y conocer
las montañas ignoradas.

3

And it isn't that I seek
to protect my step –
at every moment every turn
they set up ambushes for us,
on every occasion they steal
our letters, of course
at every moment they come on
with their tested tricks.

4

But it is better than other ways:
I recommend it—
get away for a time
from the bustle
learn what it's all about
in those mountains.

Este poema no es sino la primera estrofa de una
canción de la Vanguardia Estudiantil Revolu-
cionaria (VER) de Trujillo, Perú. Antes de ser
adoptada y adaptada por la VER la canción
perteneció al grupo de estudiantes cristianos
FESC: de ahí la fervorosa invocación a la Virgen de
la Puerta.

MARE

Mare, Mare, Mare
Mare está llorando
Mare está llorando
Y los guerrilleros
se van acercando
se van acercando

From a student songbook of the Peruvian *Vanguardistas*

This poem is the first verse of a song sung by the Vanguardia Estudiantil Revolucionaria (VER) of Trujillo, Peru. With its appeal to the Virgin Mary ("la Virgen de la Puerta") this song (like others) was incongruously enough taken over wholesale from the rival Federación Estudiantil Social Cristiana (FESC).

MARE

Mare, mare, mare,
mare is crying
is crying,
the guerrillas
are coming
are coming.

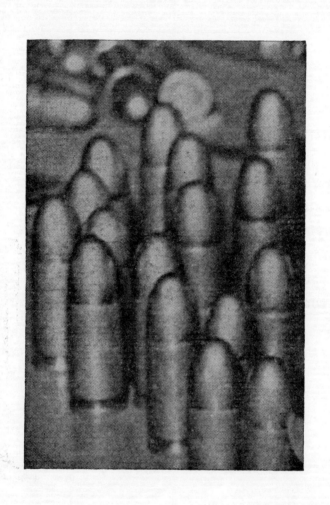

Otto René Castillo was born in Quezaltenango,
Guatemala, in 1936. He was a student organizer from
1954 and was exiled for the first time at the age of 17.
During the next ten years he was tortured and im-
prisoned several times but managed to study both at the
University of Guatemala, and at the University of
Leipzig. In 1955 he shared the Premio Centroamericana
de Poesía with the Salvadorian poet Roque Dalton.
Castillo came back to Guatemala for the last time in
1966 and joined the ranks of the F.A.R. (the Armed
Revolutionary Front). In March 1967, after eating
nothing but roots for 15 days, his guerilla group was
ambushed and captured. After four days of torture
Castillo was put to death and burnt on March 19th.

[handwritten annotations: ordered, assassinated, cremated]

Otto René Castillo nació en Quetzaltenango,
Guatemala, en 1936. Líder estudiantil desde los 17
años salió por primera vez al exilio en 1954. Antes
de iniciar estudios de letras en la Universidad de
Leipzig, República Democrática Alemana, en 1959,
compartió el premio centroamericano de poesía
con el salvadoreño Roque Dalton. En 1964 regresó
a Guatemala, publicó *Tecún Uman* (poemas),
y se unió a la Resistencia. La dictadura militar lo
encarceló y lo exilió neuvamente. De vuelta a su
país en diciembre de 1966 se incorporó inmediata-
mente a las FAR (Fuerzas Armadas Revolu-
cionarias). El 14 de marzo de 1967, pasadas dos
semanas de no comer más que raíces, su guerrilla
cayó en una emboscada; Castillo fue capturado y
torturado durante cuatro días. El 19 de marzo
Rafael Arriaga Bosque, ministro de Defensa,
ordenó su asesinato y cremación.

VAMONOS PATRIA A CAMINAR

Vámonos patria a caminar, yo te acompaño.

Yo bajaré los abismos que me digas.
Yo beberé tus cálices amargos.
Yo me quedaré ciego para que tengas ojos.
Yo me quedaré sin voz para que tú cantes.
Yo he de morir para que tú no mueras,
para que emerja tu rostro flameando al horizonte
de cada flor que nazca de mis huesos.

Tiene que ser así, indiscutiblemente.

Ya me cansé de llevar tus lágrimas conmigo.
Ahora quiero caminar contigo, relampagueante.
Acompañarte en tu jornada, porque soy un hombre
del pueblo, nacido en octubre para la faz del mundo.
Ay patria,
a los coroneles que orinan tus muros
tenemos que arrancarlos de raíces,
colgarlos en un árbol de rocío agudo,
violento de cóleras del pueblo.
Por ello pido que caminemos juntos. Siempre
con los campesinos agrarios
y los obreros sindicales,
con el que tenga un corazón para quererte.

Vámonos patria a caminar, yo te acompaño.

LET'S START WALKING

Let's take a walk Guatemala, I'm coming along.

I'll go down with you, as deep as you say
I'll drink from your bitter cup.
I'll spend my sight so you may have eyes
I'll throw in my voice so you may sing
I'll die to give you life
and your face will be on the bright horizon
in every boll of the flowers born of my bones.

It must be this way, indisputably.

I got tired of carrying your tears around with me.
Now I want to walk with you, strike lightning.
Go to work with you help you do things because I am
one of you, born in October for the face of the world.

O Guatemala,
those colonels who piss on your walls
we must tear out by their roots
and hang them up on a cold tree of dew
shimmering violet with the anger of the people.

I ask to walk with you. Always with
the agrarians and the workers
and with any man who has the presence to love you.

Let's start walking country, I'm coming with you.

Marco Antonio Flores es guatemalteco; tiene
treinta años. Ha escrito varios libros de poesía y
ha sido director de teatro en la Habana y en
Guatemala.

HABANA 59

De tanto hablar
quedáronse sin voces las cadenas
se sometió la noche
a la alborada
fuese la muerte
con su doble rabo
huyo la peste
con su sable al hombro
los relojes quedáronse
sin ojos
sin orillas de piel
sin botas negras
quedóse el hambre
sin sus mil testigos
el dueño de la vid sin sus
calzones
y el amo sin su sombre:
                              sin su esclavo

Marco Antonio Flores is Guatemalan. He is 30 years old. He has written several books of poetry and has directed theatre both in Havana and Guatemala City.

HAVANA 1959

Out of so much talking
the chains lost their voices
night was subjected
to dawn
death took away
its forked tail
plague fled
with his black sabre on his shoulder
clocks became
eyeless
without shores of skin
without black boots
hunger wandered out
leaving behind its thousand witnesses
the owner of the vine lost his
pants
and the master lost his shadow:
                              lost his slave

OTTO RENÉ EL POETA

"Mi amigo es un poeta
muy palido
muy serio
muy sonriente"

Y te marchaste amigo
Tu aliento era tan fuerte
que penetró la tierra
y la bañó con sangre de tu pecho
Hoy estoy triste
                       hasta el tuétano del alma
Tus ojos se me prenden en la voz
y tu sonrisa
se torna mueca amarga entre mi llanto
Quedó crucificada tu palabra
y resucitará
de los que como tú
echan su vida al fuego de la patria
Tu voz está callada
atronando el espacio de mi sangre
erguida en mi recuerdo
                       más tranquilo
recorriendo las calles
nuevamente
ofreciendo esperanza:
maestro
            compañero
                    camarada

Hoy te lloro y no me da verguenza
Se avientan los recuerdos en tropel
despedazan el ánimo sereno
y el recuento se impone:
Las palabras no dichas y las dichas
los gestos cotidianos
la nostalgia por nuestras cosas idas
los poemas que había que arreglar
el vino compartido
las angustias del hambre cotidiana
los sueños mutuos
la siembra siempre fértil de tu voz:
Y estás de pie
                presente en la nostalgia

Y no se olvidarán las calles
de tus pasos
tu andar era profundo
Se quedará tu voz vibrando
en la canción de nuestro pueblo
en el rancho
en el monte
en la quebrada

OTTO RENÉ THE POET[1]

"My friend is a poet
very pale
very serious
very smiling"

And you went away friend
Your spirit was so strong
it penetrated the earth
and washed it with the blood of your breast
Now I am sad
            to the marrow of my soul
Your eyes get caught in my voice
and your smile
forms a bitter grimace in my tears
Your word was driven through with nails
and will rise again
out of those like you
who throw their lives onto the fire of our country
Your voice is silent
it fills the space of my blood with thunder
erected in my
            quietest memory
ranging the streets
again
offering hope:
master
      companion
          comrade
Now I weep for you without shame
Memories break loose in a tumult
they shatter the quiet mind
and recounting becomes necessary:
The words not said and those said
the common gestures
the desire for our departed things
the poems there were to be gone over
the partaken wine
the burn of everyday hunger
the mutual dreams
the always fertile seed of your voice:
And you are returned
            in nostalgia
And the streets where your steps were
will not be forgotten
your walk was profound
Your voice will vibrate on
in the songs of our people
on the farm
on the hills
in the ravine

[1] Otto René Castillo

Se escuchará al juglar cantando décimas
que digan de tu nombre
de tu sangre
de tu pecho desecho a culatazos
de tu sonrisa triste
Se quedará tu voz cantando en las espigas
que nazcan de la siembra de tus huesos
Se quedará en la boca
de los niños que nazcan de una aurora proletaria
Se quedará
Se quedará tu voz
para cantar
la muerte de los mártires
el canto de los héroes
el hambre
la injusticia
la victoria!
Se quedará tu voz en el silencio
que acompañe
el requiem de los muertos por la espalda

Poeta
combatiente
amigo mío
al pie de tu sonrisa destrozada
elevo mi dolor
y mi protesta
maldigo a los que hirieron tu esperanza
y no te digo adiós
tu nombre está velando
Tu perfil campesino deambulará
en la cara de tus hijos
a la orilla del Elba
en un mundo feliz y liberado
El eco de tu voz comprometida
se hará el catecismo de los míos
y de todos los hijos de tu pueblo
Poeta
amigo mío
heroica semilla proletaria:
desde el pico más alto de la sierra
el tum está doblando
por tu muerte

The ballad singer will be heard singing
of your name
of your blood
of your breast smashed by gun butts
of your sad smile
Your voice will be a song in the ears of wheat
which spring from your broadcast bones
It will be present in the mouths
of children born in a proletarian dawn
It will be there
Your voice will be there
to sing the death
of the martyrs
the song of the heroes
of hunger
injustice
victory!
Your voice will be there in the silence
which travels
through the requiem for those shot in the back

Poet
fighter
my friend
at the foot of your ruined smile
I raise my pain
and my protest
upon those who wounded your hope I place a curse
and I do not say goodbye to you
your name watches
Your peasant profile will pass
into the faces of your children
on the bank of the Elbe
in a happy and liberated world
The echo of your engaged voice
will become the catechism of my children
and of all the children of your people
Poet
my dear friend
heroic proletary seed:
from the highest peak of the sierra
the tum is tolling
for your death

REQUIEM POR LUIS AUGUSTO

1

Les fue dada la acción
de la ceniza
y contaminaron el humus
A pesar de todo
los hombres
hicieron surcos
y metieron la mano en el rescoldo
Pero el crimen
era mucho más hondo
A pesar de él
"esta humanidad ha dicho
¡basta!
y ha echado a andar"
Mientras tanto
seguimos restregándonos
en miedo en justificaciones
Las conchas se siguen redondeando
alrededor del hambre
de los otros
y no somos capaces
de gritar o de poner el pecho
Nuestro es el tiempo de la rapiña de pocos
"Puedo morir mañana
pero otros me sustituirán"
Los ídolos sollozaron
su partida

2

Un menor de cinco años
muere de hambre:
violencia al pueblo
Equitativa y santa
la oferta y la demanda
Un gordo se revienta
con su gula pegada a la chequera
El altiplano gotea sus coyotes
sus altísimos edificios
sus pieles de mink
sus cadillacs
Las viejas gotean
su piedad senilmente
en los bailes de caridad:
Es antiquísimo el dolor
                     no perpetuo
Nuestro es el tiempo
de las depredaciones
Pero "esta humanidad ha dicho
¡basta!
y ha echado a andar"

REQUIEM FOR LUIS AUGUSTO

1

They had the effect
of ash
and they contaminated the humus
Despite everything that had been done
men
made furrows
thrust their hands into the embers
But the wrong
was deeper, much deeper
Despite it
"mankind has said
Enough!
and has begun to move"
In the meantime
we go on snagging ourselves
on fear, on justifications
Oyster shells
go on
swelling their form
around the hunger
of others
still we are incapable
of shouting or letting our chests out
Ours is the time of the few who prey
"I may die tomorrow
but others will take my place"
The idols saw him leave
and wept

2

A child not yet 5 years old
dies of hunger:
violence to the people
Equitable and sacred
supply and demand
A fat man bursts
engorged inside his cheque book
The plateau secretes its coyotes
its elevated buildings
its mink coats
its cadillacs
The old ladies drip
their pity tottering
at their charity balls:
The pain is of great antiquity
                              but not eternal

Ours is the time
of plunder
Yes "mankind has said
Enough!
and has begun to move"

3

Usurpamos esta tranquilidad
de comprar alimentos
Enfrente hay otra cara
llena de mal de pobre
Tengo miedo pero no terror
El terror vence al hombre
El hombre vence al miedo
Voy a pararme en medio
de los vientos
a vendimiar mi piel
Después me arrastraré
Colocaré mi nombre en las raíces
y las enterraré muy hondo

                              entre las aguas

Desde el pico
más alto
se tenderá la red
que sostendrá nuestros sueños

4

"Puedo morir mañana
pero otros me sustituirán"
Una muchacha llora
el abandono
Eran sus ojos
los de un ajusticiado
El sol vuelve a salir
No es un árbol
el que dará la sombra
Es el bosque
No habrá que confundirse ni llorar
La rosa germina
avanza amparada en la maleza
La juventud se marcha
para arriba

              —o para abajo—

Del monte bajan
los torrentes
de geranios
que saludan
empuñando la diestra

3

We are usurpers of the easiness
of buying food
Across from us is another face
full of hunger's disease
I am afraid but not terrified
Terror conquers man
Man subjugates fear
I am going to stand
in the eye of the wind
to kill my flesh
Then I intend
over the ground
to drag myself
To place my name in the roots
to bury those roots very deep
      in the watertable
From the highest peak
the net will stretch there
that holds our dreams

4

"I may die tomorrow
but others will take my place"
A girl weeps
in her bereavement, abandoned
His eyes were eyes
as an executed man has eyes
Again the sun is out
It is not a tree
which casts the shade
It is the wood
You must not be confused or cry
The rose germinates
and climbs
protected in the underbush
Young men take themselves off
by the uplands
    or by the lowlands
And down from the hills
come torrents
of geraniums
which salute you
clenching their right hands

La gente sigue autómata
a pesar del cuchillo
de la muerte
Los petardos resuenan
más sonoros
en medio de la noche
Las esquinas se esconden
en la casa del sol
La multitud aúlla de temor
Los amigos regalan
sus arterias
al lobo
aparecen torcidos
en páginas pedestres
quebrados por las balas
Solo hay una respuesta:
la violencia

5

"Puedo morir mañana
pero otros me sustituirán"
Eran sus ojos
los de un ajusticiado
Lloró el asfalto
en su costado
Mientras tanto
              nosotros
decimos disfrutar
el sueldo mendrugado
Nos contentamos con bajar
la cabeza
ante su muerte
y sollozar hipócritas
No es nuestro el tiempo
de la espera
Su garganta quemada
propagó la mañana que entreabre los dedos
El silencio ahorca los sueños
Todo es ausencia

People go on being automatons
even when the knife
of death
rips
more audible
in the mid night
The street's corners hide
in the house of the sun
The multitude howls in terror
Friends give
their arteries
to the wolf for nothing
and appear then
on pedestrian pages
busted by bullets
There is one response only:
Violence

5

"I may die tomorrow
but others will take my place"
His eyes were the eyes
of an executed man
The asphalt wept fire
in his side
In the meantime
                    all of us
say we enjoy
our crust-of-bread paycheck
We are contented and lower
our heads
to his death
content to sob hypocritically
It is not ours, this waiting time
His burnt throat
propagated the morning which half unbends our fingers
Silence slaughters dreams
All is absence

DESPEDIDA AL QUE FUI

Los adioses se pierden en los pájaros que parten
y en los días que se van al pasado
de repente se olvidan
se mueren
Así el adios que aleje tu presencia
Partiré la más pequeña arena de esta playa
y te daré una parte
Mi parte será mi compañera
el templo de mi lucha
mi coraza

Las voces del aire conocen el turbión
de mi morada más honda

Una sonaja de chayes en mis cuencas
escupen sus destellos
alumbran un camino sin veredas
sin árboles
sin abrazos que dar

GOODBYE TO THE MAN I WAS

Goodbyes lose themselves with the departing birds
and in the days which float into the past
they are forgotten suddenly
they die in themselves
And so the goodbye upon which your presence embarks
I shall divide the smallest arena on this beach
and I shall give you a part of it
My part will be my woman
the marked space of my struggle
my cuirass

The voices of the wind know the turbulence
of my deepest dwelling

Carnival wheels in the sockets of my eyes
spit out their sparks
illuminate a road without sidewalks
without trees
without embraces to give

"Fernando Gordillo Cervantes es nicaragüense desde 1940, y aunque murió recientemente (el 24 de julio de este año), sigue siendo nicaragüense.

Murió a los 26 años. No sé desde cuando lucha. Yo lo conocí como en 1960 y ya hacía mucho tiempo que era uno de nuestros mejores combatientes. Fue uno de los mejores dirigentes estudiantiles. A los 20 años le atacó una enfermedad que lo dejó prácticamente paralizado, a pesar de lo cual continuó su carrera universitaria, y lo que es más, continuó luchando, escribiendo, amando. Fernando es uno de los mejores ensayistas, cuentistas y poetas de nuestra generación. De él decían también que tuvo una valentía desmedida."

De una carta, Managua, agosto 1967.

ANDRÉS

Andrés,
tu piedra es mi esperanza.
Ha pasado un siglo y ya lo ves,
todo lo mismo.
Pudo más el oro que la sangre.
Toda tu tierra, Andrés,
desde los lagos al Coco,
desde el Cabo hasta el San Juan,
es una sola lágrima donde la Patria llora

Lanza la piedra.
¡Lánzala!
A un siglo de distancia, el enemigo
es el mismo.

Andrés Castro es un héroe nicaragüense que peleó en la hacienda de San Jacinto contra los invasores yankis al mando de William Walker. Al quedarse sin municiones, Andrés tomó una piedra y con ella derribó al primer yanki que intentó atravesar la cerca que protege la hacienda.

"Fernando Gordillo Cervantes has been a Nicaraguan since 1940, and although he died recently (on 24th July of this year) he is still a Nicaraguan.

He was 26 when he died. I don't know how long he had been fighting for. I got to know him in 1960 and for a long time he had been one of our best fighters. He was one of the best student leaders. When he was 20 he was almost paralysed by an illness, but he finished at the University, and what is more, went on fighting, writing and loving. Fernando is one of the best essayists, short-story writers and poets of our generation. He is known to have been exceptionally brave."

From a letter, Managua, August 1967.

ANDRÉS

Andrés,
your rock is my hope.
A century has gone and look
things are the same.
Blood is not the equal of gold.
All your land Andrés
from the lakes to the Coco
from the Cape to San Juan
forms a single tear
the country weeps.

Throw the rock.
Throw it!
One hundred years
        from where you stood, the enemy
is the same.

Andrés Castro is a Nicaraguan hero who fought against the U.S. invaders under the command of William Walker in the Hacienda de San Jacinto. Lacking munitions, Andrés seized a rock and with it he knocked down the first Yankee who tried to cross the barricade that protected the hacienda.

UN JOVEN MUERTO

Un joven muerto, no hiere el corazón de un rifle.
Ni hace sufrir las sombras de la nada.
Pero por sus heridas, un poco de cada
uno se ha escapado, para no volver.

La soledad del héroe, es su mayor
martirio.
Hacedle compañía

EL PRECIO DE UNA PATRIA

3.000.000 es el precio de una Patria,
si alguien quiere venderla.

Y hube quien quiso y la vendió.
Más tarde dijeron, que sus hijos
nacieron para cantarla.

Como si la lucha no es el más alto
de los cantos.
Y la muerte el más grande.

*Se trata de los acontecimientos (y de las actitudes que los hicieron
posibles) que precedieron al tratado Bryan-Chamorro entre Nicaragua
y los Estados Unidos en 1916.*

A DEAD YOUTH

A dead youth. How can he turn the heart of a rifle.
How inflict the shades of nothingness with suffering.
But through his wounds a thing from our lives
escapes, gone over the hill for ever.

The large isolation of the hero is his martyrdom.
Don't walk away from him.

THE PRICE OF A COUNTRY

3,000,000 is the pricemark on a country
if somebody wants to sell it.
and someone wanted to
                        and did.
Later they said
                his sons
were born just to sing it.

Just as if battle is not the most unmistakable
of songs
or death the most grand.

*"About the events (and the attitudes which made these events possible)
which led to the conclusion of the Bryan-Chamorro treaty between
Nicaragua and the U.S.A. in 1916."*

LOS MUERTOS

Los muertos
sostendrán los brazos del combatiente,
la voz de las multitudes,
la herramienta del campesino.

Los muertos . . .

¿Quién sostendrá las manos de los muertos?

YA TÚ SABES QUE MURIÓ

Ya tú sabes que murió
y sabes donde está la tumba del hermano,
aquel hermano que no tuvo sepultura.
Tú lo sabes
porque tu corazón es tierra que lo cubre
y nuestros días flores nuevas para florecer su tumba.

THE DEAD

The dead, the dead
will brace the arms of the revolutionary
sustain the voice of the multitudes
guide the plough of the countryman

the dead . . .

who's going to hold the hands of the dead?

NOW YOU KNOW HE DIED

Now you know he died
and you know where your brother's grave is
and you know he had no burial
you know that
because your heart will be
the only earth covering him
and all our days will flower
into new flowers sprung on his grave.

Michele Najlis también es nicaragüense. A los
veinte y tantos años juega un papel importante en
un país notable por la gran solidaridad—expresada
en la formación del Movimiento Nacional Revo-
lucionario (MNR)—entre los estudiantes de las
ciudades y los guerrilleros de la sierra. El
"Fernando" a que se refieren estos poemas es
Fernando Gordillo Cervantes.

A FERNANDO

Cuando la tierra
con naturalidad de mujer
—"esta palabra es más bella
    que señora o señorita"—
recibe serenamente las primeras lluvias,
en nada pienso entonces
sino en tí.

A FERNANDO

Si me ves en las calles llena de sonrisas
si amo los ojos de un niño
recuerda que descubrimos paso a paso
el mundo que me enseñaste
recuerda que mi mano permanece en tu mano
y que mi cuerpo se detiene en tu presencia:
piensa que el amor termina donde empieza el vacío
y juntos matamos el vacío

Michele Najlis is also Nicaraguan. In her early twenties, she is a prominent leader in a country remarkable for the high degree of solidarity, politically expressed in the Movimiento Nacional Revolucionario (MNR), between the students in the towns and the guerrillas in the mountains. Both these poems are addressed to Fernando Gordillo Cervantes.

TO FERNANDO

When the earth
with the naturalness of woman
"*mujer* is more
            than señora or señorita"—
receives openly the first rains,
I think of nothing then
but you.

TO FERNANDO

If you see me in the street
            full of smiles
If I love the eyes of a child
            remember
we rediscover
            step by step
the world you showed me
and remember my hand
            is in your hand still
and remember my body
            is the hammock of your presence

think of this—love ends
where the void begins
and we pierce the void together.

Pablo Hernando Guerrero participó en la Revolucion Cubana, y es ahora miembro del Gobierno Cubano.

NO TE ESCONDAS COMPAÑERO

Hoy es dura
esa amante a quien tanto le hicimos el amor
esa amante américa,
de un solo beso la llegaste a recorrer
y te hundiste en sus montañas
y en las manos un fusil que disparaba,
                    montaste sus barcas
con un caballo de nombre Fidel
aquel 26 desembarcaste en un prostíbulo
                    y del granma y del lagarto
salió el hombre reventando la sierra.
No sabías de estrategia
                    no mientas che
conocías al hombre y su enemigo
y predecíamos ese primero del año
                    cuando desde
un caballo y mil barbas entraste a construir
un hombre virgen.

Ser Continental
compartes con Camilo tierras
ustedes dos gigantes
de nuevo se esconden en las vertébras del árbol
y tal vez un día igual al de ayer (pero sin cristóbal)
cuando el grande río nos cubra de ira
                    surgirán
y con nuestras manos alimentaremos la nueva canción.

Vos con Camilo,
más corta su presencia para un rápido futuro
hacen su guerrilla cada vez más invisible
y mientras tanto
                    aquí . . .
hay un disco hereje
que se escucha como víspera.

Pablo Hernando Guerrero participated in the Cuban Revolution, and is presently a member of the Cuban Government.

DON'T HIDE

She's hard today
that lover we lay with so much
that American lover
you spread with one kiss all over her
and plunged yourself between her mountains
and in your hands a gun discharging
                              got into her ships
with a horse named Fidel
that 26 July you disembarked
on to a whorehouse
                and out of Granma
                and from Lagarto
man came crushing the sierra.
It wasn't about strategy
                    don't put me on, Che,
you knew about man—and his enemy
and we foresaw that New Year
                when from
a horse and a thousand beards you arrived
to make man virgin again.

Man of the hemisphere
you share the ground with Camilo
and are giant with him
hiding again now in the tree's vertebrae
and maybe one day like yesterday
                        (but without Cristobal this time)
when the wide river covers us with wrath
            you will both arrive
and with our hands we shall feed the new song.

You and Camilo,
the quickness of your presence for a fast future
your guerrilla war progressively invisible
and here meanwhile
there is an unorthodox gramophone
heard like the eve of a new day.

This First Edition has been
Designed, Printed & Published by Cape
Goliard Press, 10a Fairhazel Gardens,
London N.W. 6.

Printed in Great Britain.